탐라순력도
1702년, 제주를 돌아보다

윤민용 지음 | 샤샤미우 그림

제주목사로 부임하다

"임금께서 나, 이형상을 제주목사 겸 병마수군절제사에 임명하신다고?"

1701년 11월, 경상도 영천 금호강 변 호연정에서 조용히 지내던 나는 임금의 명령이 담긴 문서를 받았다. 임금을 대신해서 제주도를 다스리고 제주도의 병사들을 지휘 통솔하는 절제사에 임명한다는 내용이었다.

한반도에서 홀로 떨어진 머나먼 섬, 제주도. 말도, 음식도, 풍속도 육지와는 무척 달라서 고생은 짐작된 것이었다. 주변 사람들은 '제주도라니, 유배를 가는 거나 다름없다.'라고 걱정했지만, 어명을 어길 수는 없었다. 나는 그 날로 제주도에 갈 짐을 꾸리기 시작했다.

1702년 3월 7일, 한양으로 가서 임금께 인사를 올리고 길을 떠났다. 한반도 가장 끝인 땅끝, 전라도 강진항까지 말을 타고 이동한 다음, 거기서 다시 배를 타야 제주도에 닿는다. 강진항에서 잔잔한 바람을 기다렸다가 출항했지만, 풍랑 때문에 보길도에 오래 머물렀다. 3월 25일 늦은 오후에야 제주도 북쪽 조천항에 도착했다.

제주도라니… 한 번도 가 본 적이 없는 멀고도 낯선 곳이군.

지은이 윤민용

어린 시절부터 그림책과 역사책, 지도 그리고 여행을 좋아했습니다. 어린이들에게 우리나라의 역사와 문화를 알려 주고 싶어서
《여행길에 만난 국립 박물관》, 《역사가 숨 쉬는 우리 성곽》, 《1795년, 정조의 행복한 행차》 등을 썼습니다.

그린이 샤샤미우

마음을 기분 좋게 하는 것들, 일상에서 만나는 재미난 것들을 캐릭터로 만드는 걸 좋아합니다. <작은 숲의 미우>, <작은 숲>으로
두 번의 개인전을 진행하였고, 블로그에 <작은 숲의 미우> 그림 동화를 연재했습니다. 쓰고 그린 책으로는 《스킹의 발명 노트》가 있습니다.

일러두기

*이 책은 《탐라순력도》 중 20장면을 시간 순서에 따라 재구성했습니다.
《탐라순력도》 원본 그림은 본문 11쪽부터 49쪽까지입니다.
아래 QR코드를 촬영하면 《탐라순력도》 41장면 그림을 더 크고 자세하게 볼 수 있습니다.

*본문에 언급된 날짜는 모두 음력입니다.
한자 지명은 현대에 통용되는 지명을 중심으로 한글로 표기했습니다.

참고문헌

제주시 탐라순력도연구회 편, 《탐라순력도연구논총》, 2000.
윤민용, 〈탐라순력도 연구〉, 한국예술종합학교 미술원 미술이론과 석사학위논문, 2010.
《이형상 제주목사 소장 편지 모음집-이별의 한 된 수심 넓은 바다처럼 깊은데》, 제주특별자치도민속자연사박물관, 2017.
이형상, 《국역 병와집》1-3, 한국정신문화연구원, 1990.
이형상 글, 이진영 역주, 《탐라록》, 제주특별자치도민속자연사박물관, 2020.
이형상 글, 김익수 역주, 《탐라장계초》, 제주특별자치도민속자연사박물관, 2021.
이형상 글, 김새미오, 이진영 역주, 《남환박물》, 제주특별자치도민속자연사박물관, 2022.

그림 및 사진 출처

*《탐라순력도》: 제주세계유산본부, 제주학연구센터(jst.re.kr)
*〈동국대지도〉, 〈미원계회도〉: e뮤지엄(emuseum.go.kr)
*그 외 사진: 국가유산포털(heritage.go.kr), 비짓제주(visitjeju.net), 사단법인 질토래비

온그림책 026
1702년, 제주를 돌아보다

초판 1쇄 발행 2025년 10월 27일 지은이 윤민용 그린이 샤샤미우 펴낸이 권은수 펴낸곳 도서출판 봄볕 만듦 박찬석, 문주선 꾸밈 여희숙, 홍윤이 가꿈 성진숙 알림 강신현, 김아람 살림 권은수
함께 만든 곳 피오디 북, 가람페이퍼 등록 2015년 4월 23일 제25100-2015-000031호 주소 서울특별시 서대문구 서소문로 37 1406호(합동, 충정로대우디오빌)
전화 02-6375-1849 팩스 02-6499-1849 전자우편 springsunshine@naver.com 홈페이지 http://www.bombyeott.co.kr 스마트스토어 https://smartstore.naver.com/shinybook 인스타그램 @springsunshine0423
스마트스토어 https://smartstore.naver.com/shinybook ISBN 979-11-93150-66-5 77690 *봄볕은 올마이키즈와 함께 어린이를 후원합니다. *이 책은 콩기름을 이용한 친환경 방식으로 인쇄했습니다.
*책값은 뒤표지에 있습니다. *KC마크는 이 제품이 공통안전기준에 적합함을 의미합니다. *이 책은 저작권법에 따라 보호받는 저작물이므로 무단 전재와 복제를 금합니다.
ⓒ 윤민용, 샤샤미우, 2025

온그림책 은 '전부의' '모두의'라는 의미의 '온'의 뜻을 살려 1세부터 100세까지 모두 볼 수 있는 그림책을 지향하며 온의 또 다른 뜻인 '꽉 찬' '완전한' 그림책을 꿈꿉니다.

제주목 관아를 둘러보다

내가 제주목사로 일하고 머무르는 제주목 관아는 제주도 북쪽 바닷가에 있다.

입구에는 관덕정이라는 정자가 있는데 제주도에서 가장 크고 오래된 건물이다. 1448년에 지어졌는데, 이 앞마당에서 과거 시험이나 잔치 등을 열고 죄인을 벌 주기도 한다.

목 관아의 가장 북쪽에는 망경루가 있다. 임금이 계신 서울을 바라본다는 뜻인데, 2층 건물이어서 이곳에 서면 제주도 북쪽 바다가 훤히 보인다. 그래서 왜구가 침범하는지 감시하는 망루 역할도 한다.

연희각은 제주도 행정을 담당하는 목사의 집무실이고, 홍화각은 군사를 통솔하는 절제사의 집무실이다. 제주도는 육지에서 멀리 떨어져 있어서 목사가 절제사를 겸한다.

영주협당은 군관들이 근무하는 곳이다. 관아 안에는 귤밭도 있다. 입구에 귤림당이라는 작은 정자에서는 가끔 휴식을 취한다. 연못 앞에 있는 우련당도 예전부터 제주목사들이 연회를 베풀고 쉬던 곳이다.

나는 제주에서 나고 자란 개똥이야. 관아에서 제주목사님의 잔심부름을 도맡고 있지.

나는 영천에서부터 주인님을 따라온 삽사리야. 호랑이도 두려워 않는 용맹한 삽살개지만, 뱃멀미 때문에 너무 힘들었어. 앞으로 제주도에 대해 많이 알려 줘!

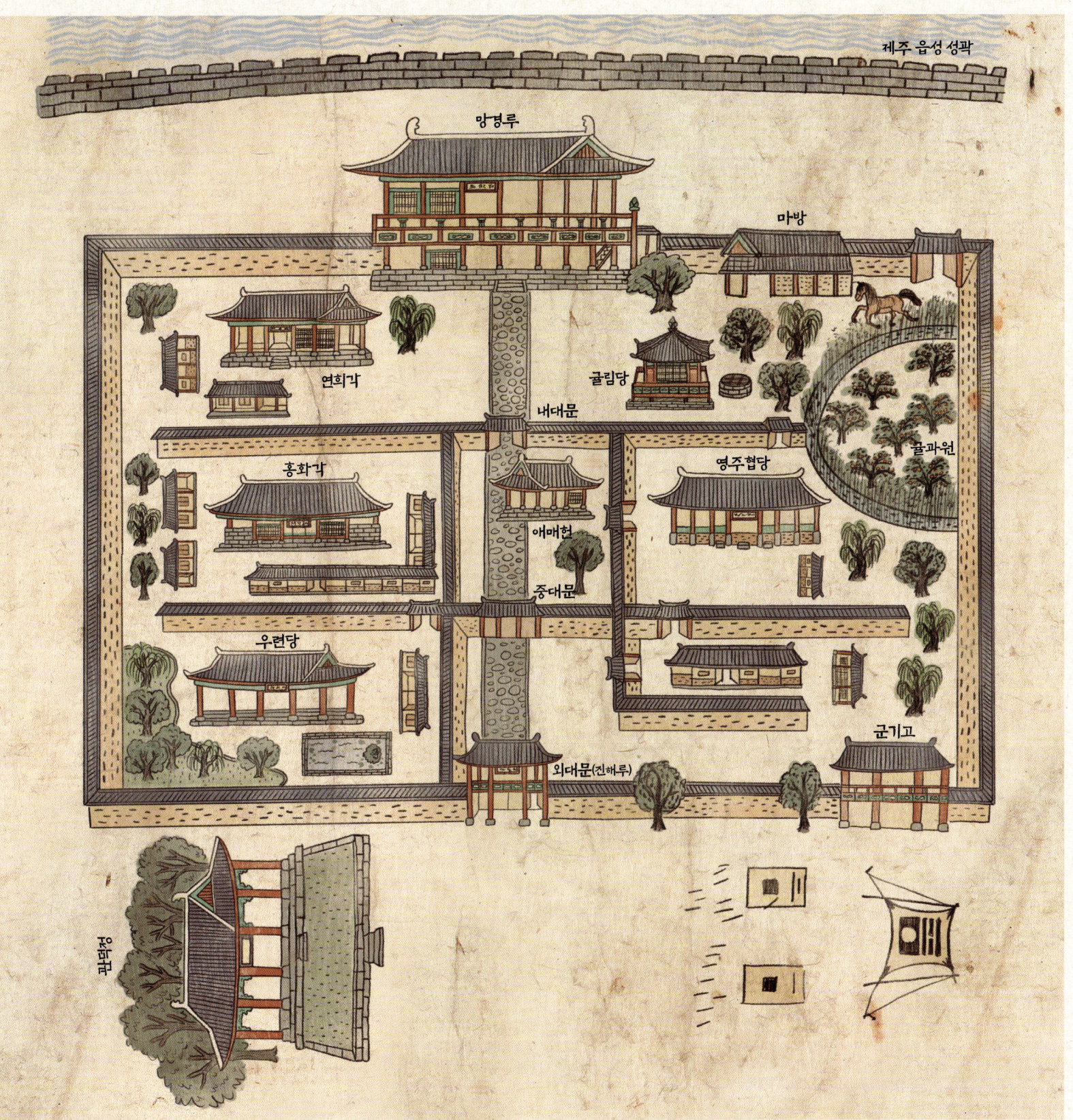

한라산에 올라 굽어보다

제주도에 도착한 지 한 달이 넘었다.

1702년 4월 15일, 제주도의 지형을 파악하려고 관리들과 한라산에 올랐다. 초여름인데도 한라산 정상은 아직 춥고 눈이 남아 있었다. 산 아래로는 초록 들판과 푸른 바다가 펼쳐져 있고, 오름이 곳곳에 솟아 있다. 해안가를 따라 지하에서 물이 솟아 나오기 때문에 해안 주변에는 민가가 몰려 있다.

제주도에서는 뱃길로 닿지 않는 나라가 없다. 제주목 서북쪽으로 배를 타고 가면 청나라의 등주, 항주가 나오고 남서쪽으로 가면 안남국과 섬라국, 남동쪽으로 가면 여인국이, 정남쪽으로 가면 대유구, 동쪽으로 가면 일본에 닿는다. 거센 풍랑이 치면 제주도 사람들이 이들 나라에 표류하기도 하고, 외국의 뱃사람들이 제주도에 표류하기도 한다.

와, 이 지도는 방향이 굉장히 특이하다.

맞아. 이 지도는 한양에서 임금님이 제주도를 보는 시점으로 그려졌어. 그래서 제주도 남쪽의 서귀진이 지도 위쪽에 있고, 북쪽의 제주목이 아래에 있지.

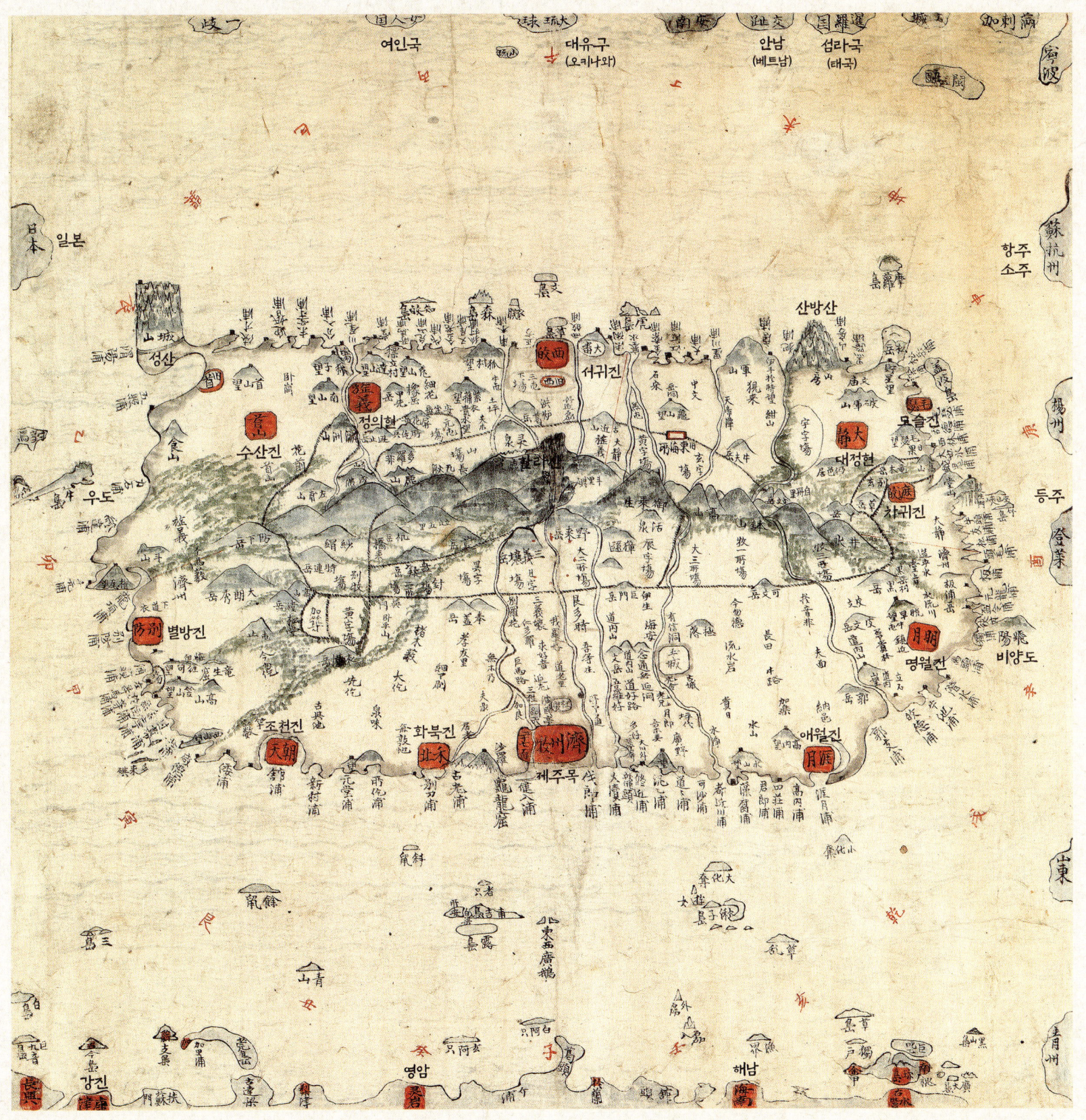

한양에 보낼 말을 점검하다

6월 7일에는 관덕정 마당에서 한양에 공물로 보낼 말을 점검했다.

제주도에는 나라에서 설치한 목장 10곳이 있다. 이른 아침부터 병사들과 말을 보살피는 말테우리들이 말 수백 마리를 끌고 왔다. 검은색, 갈색, 흰색 등 말 색도 종류도 무척 다양했다.

건강하고 힘센 말을 골라 한양에 보내는 일은 제주목사의 임무 중에서 아주 중요한 일이다. 이미 목장에서 좋은 말을 골랐지만, 배에 태우기 전 마지막으로 점검했다.

이날 한양에 보낸 말은 모두 433마리다. 임금께서 타실 말 20필, 매년 세금으로 바치는 말 8필, 특별한 용도에 대비한 말 80필, 임금의 생신을 축하하며 바치는 말 20필, 연말에 청나라에 사신을 보내며 공물로 바치는 말 20필, 정월 초하룻날을 맞이하여 임금께 바치는 말 20필, 각 목장에서 연말에 세금 대신 바치는 말 200필, 재난에 대비하여 바치는 말 32필, 짐을 싣는 말 33필이 포함되었다. 제사에 쓸 검정소 20마리도 함께 보냈다.

제주도에서 특별 과거 시험을 치르다

제주도에 부임한 지 넉 달이 지났다.

오늘은 윤달 6월 17일, 유학을 공부하는 제주도 유생들이 과거 시험을 치렀다.

과거는 보통 3년에 한 번 열린다. 제주도 유생들이 과거 시험을 보려면 배를 타고 전라도를 거쳐 육로로 한양까지 올라가야 한다. 그러니 시간도 오래 걸리고 돈도 많이 든다. 게다가 풍랑을 만나면 청나라나 안남국 같은 먼 나라로 배가 떠밀려 가는 일도 있다. 오늘은 관덕정 앞에서 시험을 치르니, 시간이나 비용을 아낄 수 있을뿐 아니라 유생들이 여유롭고 안정된 상태로 시험을 볼 수 있게 되었다.

나는 붉은색 관복에 사모를 쓰고 관덕정 중앙에 앉아서 유생들이 시험을 치르는 모습을 지켜봤다. 시험에 총 12명이 응시했는데, 시 짓기와 글짓기에서 1명씩 합격했다.

성산일출봉을 둘러보고 우도 목장에 가다

7월 13일, 제주도 동쪽 우도 목장에 말을 점검하러 길을 떠났다.

우도에 건너가기 전 이른 아침, 성산일출봉에 올랐다. 성산은 이름 그대로 성곽을 쌓은 것같이 돌무더기가 삐죽삐죽 솟아오르고 나무와 덩굴이 우거져서 오르기가 쉽지 않았다. 돌을 깎아서 계단처럼 만든 다리를 겨우 기어 올라서 정상에 다다랐다. 붉게 떠오르는 해와 푸른 바다를 바라보고 내려와서는 배를 타고 우도 목장으로 건너갔다.

우도는 한쪽이 소머리처럼 삐죽 튀어나온 섬이다. 사람은 살지 않고, 1697년에 만들어진 목장에서 임금께 바칠 품종이 우수한 말 260여 마리를 기르고 있다.

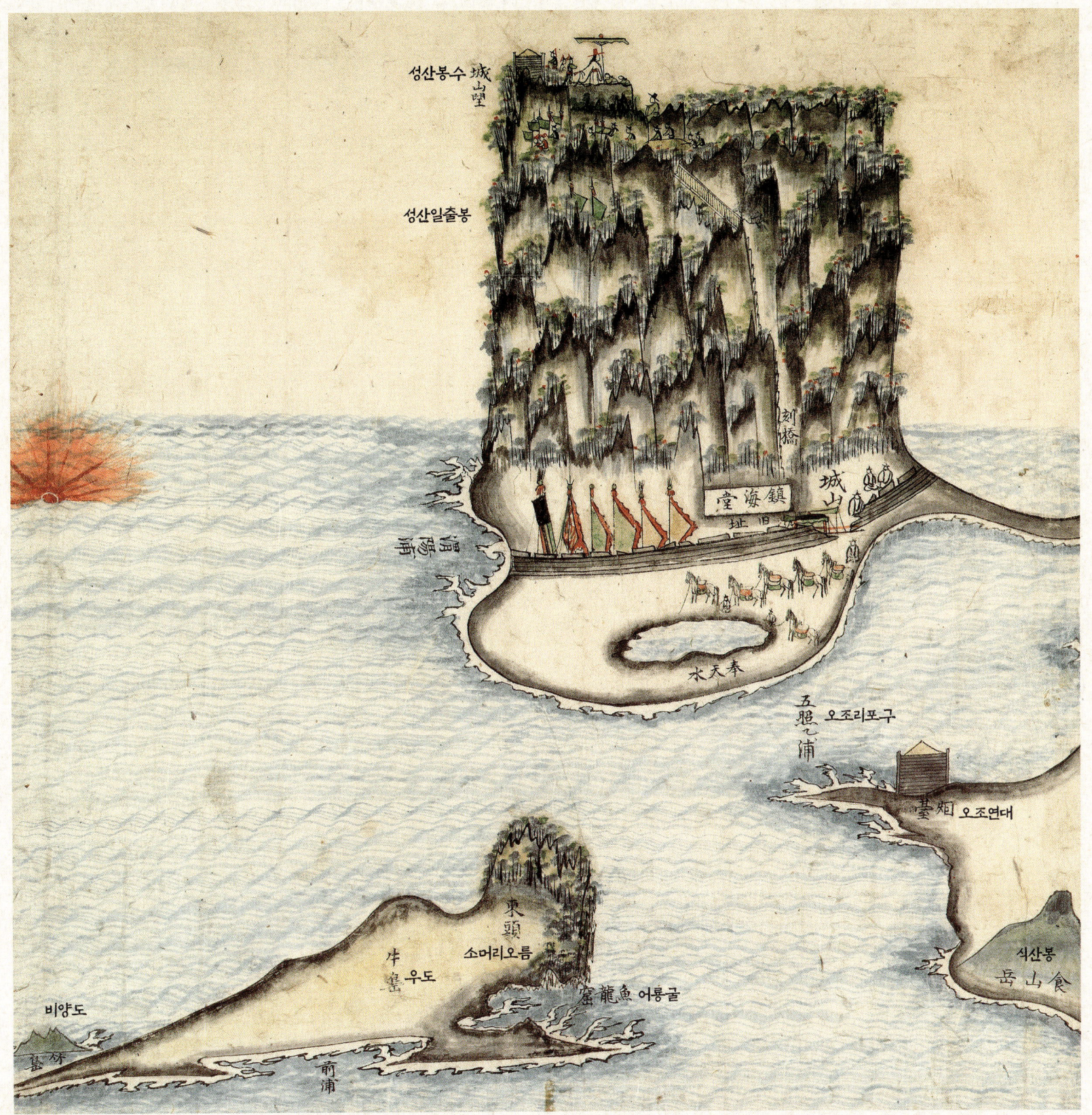

감귤을 골라 한양에 보내다

가을이 깊어지면서 한양에 감귤을 보내는 일로 바빠졌다. 귤은 제주도에서만 자라는 희귀한 과일이라서 나라에 세금으로 바친다. 귤을 처음 수확하는 9월부터 이듬해 2월까지, 배에 20번이나 귤을 실어 한양으로 보낸다.

수확한 귤 중에서 좋은 것만 고르고, 운반 도중 상하지 않게 신경을 써야 한다. 귤 수확 철에는 망경루 앞마당에 귤을 고르고 포장하는 임시 작업장이 만들어진다. 목수들이 나무로 귤을 담을 상자를 만들면, 상자 안에 말린 풀더미를 넣고 관아 소속 기녀들이 상태가 좋은 귤만 상자에 담는다. 마지막으로 나와 관리들이 연희각에 앉아서 선별한 감귤을 살핀다.

귤은 적은 수의 사람만 맛볼 수 있는 귀한 과일이다. 한양에 올라간 귤은 가장 먼저 종묘의 제사상에 오르고 임금의 수라상에도 오른다. 임금께서는 관리나 성균관 유생들에게 감귤을 주제로 시나 글을 짓게 해서 귤을 상으로 준다. 외국에서 온 사신이나 특별히 공을 세운 신하에게 선물로 귤을 주기도 한다.

제주도 귤은 종류가 다양하다. 당금귤, 감자, 금귤, 유감, 동정귤, 산귤, 청귤, 유자, 당유자 등 듣지도 보지도 못한 것들이 많다. 한양에는 9개 품종 40,042개라는 엄청난 양을 보냈다.

종류가 다양하니까 맛도 다 다르겠지?

금귤과 유감은 맛이 진한데 동정귤은 시어. 청귤은 여름에 먹으면 단맛이 나.

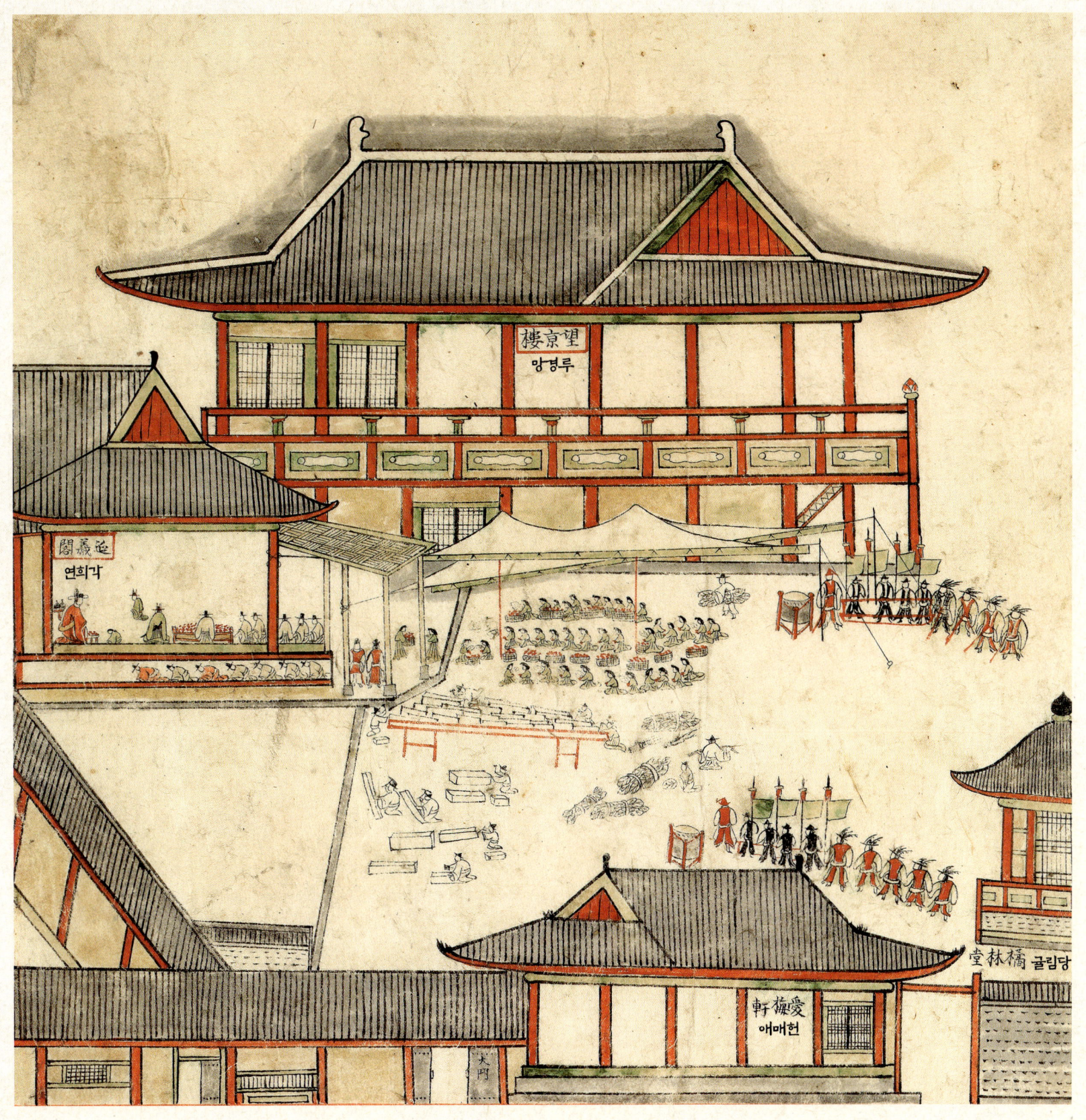

교래리에서 임금께 올릴 짐승을 사냥하다

10월 11일, 임금께 올릴 산짐승과 날짐승을 사냥하러 교래리에 다녀왔다. 한라산 중턱은 사슴이며 노루, 멧돼지, 꿩이 많아서 최적의 사냥터로 불리는 곳이다.

이날 사냥은 대규모 군사 훈련에 버금갔다. 정의현과 대정현의 현감과 감독관도 왔고, 말을 타는 기병과 총포를 쏘는 포수, 전투병인 보병을 포함해서 720여 명이 사냥에 참여했다. 말을 탄 병사들은 산 아래쪽에, 그 위로는 말을 타지 않은 병사들이 깃발을 들고 크게 진을 짜서 그 사이로 사슴과 노루, 멧돼지를 몰았다. 그러면 포수는 총으로, 궁수는 활로 짐승을 잡았다.

나는 천막 아래서 사냥을 지켜봤다. 사슴이 많이 잡혀서 그중 한 마리를 목 관아의 귤과원에서 키우기로 했다. 사슴은 신선이 타는 동물이니 복되고 좋은 일이 생길 것이다.

오늘 정말 재미있었어. 모처럼 사냥을 따라 나가니 신이 나더라고. 여기저기 포수를 쫓아다니느라 바빴어. 그런데 짐승은 몇 마리나 잡았대?

사슴은 177마리, 노루 101마리, 멧돼지 11마리, 꿩 22마리를 잡았대! 대부분 한양에 보낼 거야.

국마 목장에서 말을 점검하다

10월 15일, 한라산 중턱에 있는 목장에 가서 말을 점검했다.

한라산을 따라 나라에서 만든 목장 10곳이 있다. 이곳에서 임금께 바칠 진상용 말을 키우는데, 이 중에 털이 윤기 있고 건강하고 튼튼한 말을 골라서 한양에 보낸다.

말을 점검하려면, 먼저 '원장'이라고 하는 둥근 나무 울타리를 두 개 만든다. 넓은 곳에서 방목하는 말을 첫 번째 원장으로 몰아서 뱀처럼 가늘고 긴 울타리인 '사장' 사이로 통과시키면서, 한 마리씩 건강 상태를 확인하고 마릿수를 센다. 사장을 통과한 말은 두 번째 원장을 지나게 한 뒤 들판에 다시 풀어놓는다.

이날 행사에는 여태껏 제주도에서 벌어진 행사 중 가장 많은 사람들이 참여했다. 정의현감과 제주판관, 목자를 관리하는 감목관 등 제주도의 관리가 총출동했다. 말을 몰고 목책을 만드느라, 무려 병사 6,322명이 동원됐다. 목장에서 말을 직접 돌보는 목자와 목자를 보조하며 말을 놓아기르고 먹이 주는 일을 하는 보인도 214명이나 참여했다.

드디어 제주 순력을 시작하다

10월 29일, 가을 순력이 시작되는 특별한 날이다.

순력은 목사가 제주도 전체를 돌면서 백성들은 잘 살고 있는지, 병사들은 훈련을 잘해 왔는지, 창고의 무기 상태는 괜찮은지, 쌀은 넉넉한지 등을 직접 살피는 것이다.

제주도 해안가에 설치된 진성 9곳과 제주 동쪽 고을 정의현, 제주 서쪽 고을 대정현을 모두 돌아볼 예정이다. 못해도 20일이 넘게 걸릴 것이고, 제주읍성을 기준으로 제주도의 동쪽에서 남쪽을 지나 서쪽으로 돌게 된다.

가지각색의 깃발을 든 병사들이 순력 행차를 알리고 그 뒤로 관원과 시중드는 관기 등이 따르면서, 아주 긴 행렬이 이어졌다. 나는 말 두 마리가 이끄는 가마인 가교를 타고 행차에 나섰다.

가장 먼저 점검한 곳은 제주읍성 동쪽의 화북진성. 이곳에서 군사 점검을 하고 점심을 먹은 뒤에 두 번째 목적지인 조천진성으로 향했다.

조천진성은 바다로 툭 튀어나온 암반 위에 지어졌다. 바다와 맞닿은 진성 북쪽에 연북정이라는 아름다운 정자가 있는데, 임금님이 계신 한양을 그리워한다는 뜻이다. 연북정에 오르니 참으로 상쾌했다. 조천진성 앞바다의 검은 암반은 여섯 마리 바다거북이 몰려 있는 듯하고, 푸른 바다도 한라산의 푸른 빛도 아름답기 그지없었다.

별방진성을 점검하다

10월 30일, 아침을 먹고 제주도 동쪽 해안을 따라 별방진까지 갔다.

별방진성에 도착하기 전, 김녕에 잠깐 들렀다. 이곳에는 동굴 세 개가 있다. 동굴 안은 종유석과 덩굴 식물이 우거져 있어서, 횃불을 켜고 둘러봐야 했다.

별방진성은 제주도 동쪽 바닷가를 끼고 있다. 바다 건너편에 우도가 훤히 보이고, 주변에 아름다운 다랑쉬오름과 지미봉이 솟아 있다. 왜구를 방어하는 중요한 진성이라서, 이곳을 지키는 군사는 434명이나 되고 창고에 곡식도 많다. 이곳에서 이틀간 머무르면서 무기와 각종 도구, 군량미 등을 점검했다.

근처 목장도 규모가 크다. 말과 소를 관리하는 목자와 보인이 187명이고, 말은 946마리, 검정소도 247마리나 된다. 여기서도 원장과 사장을 만들어서 말들의 상태를 점검했다.

11월 1일에는 군사들을 대상으로 활쏘기 시험을 봤다.

정의현성에 도착하다

11월 2일, 이른 아침 별방진을 떠났다.

수산진성에 들려서 군사 점검을 하고 점심을 먹었다. 정의현성 근처에 가니 유생들이 붉은색 옷을 입고 순력 행렬을 맞이하기 위해 일렬로 서 있었다.

정의현성은 제주도에서 백성들이 많이 사는 세 개 읍 중 하나다. 모두 1,436가구가 살고 있고, 군사는 664명이나 된다. 한라산과 가깝고 목초지가 많아서 말과 소를 키우기에 좋다. 그래서 정의현에서 관리하는 말은 1,178마리, 검정소는 228마리나 된다.

제주도는 예로부터 노인들이 장수하는 것으로 유명하다. 정의현에는 80세 이상 노인이 17명, 90세 이상 노인이 5명이나 살고 있다. 그래서 3일에는 조촐한 양로연을 열었다. 악공은 피리를, 기녀는 가야금을 연주하고 무동은 춤을 췄다. 음식도 준비해서 함께 나눴다.

4일에는 정의현에 사는 유생들이 얼마나 공부를 열심히 했는지 보려고 글을 외워서 말하는 강받기 시험을 봤다. 고을 사람들에게는 활쏘기 시험을 실시했다.

정방폭포에서 잠시 쉬다

11월 5일, 정의현성에서 여러 행사를 무사히 마치고 서귀진성을 향해 길을 떠났다.

가는 길에 정방폭포에서 잠깐 숨을 돌렸다. 이 폭포는 절벽에서 바다로 물이 바로 떨어지는데, 높이가 높고 폭도 넓어서 물보라가 아주 거세게 인다. 폭포 앞바다에는 섶섬과 다른 자그마한 섬들도 보인다. 나는 절벽에서 내려다보며 폭포를 감상했고, 악공과 기녀들은 앞바다에서 배를 타고 흥겨운 음악을 연주하고 춤도 췄다.

서귀진성에서는 하룻밤을 머물렀다. 군사 훈련도 하고 무기와 창고도 점검했다. 이곳은 다른 진성보다 작아서 군사는 총 68명이고 목자와 보인도 39명, 말도 237필뿐이다.

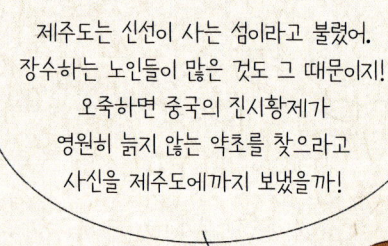

제주도는 신선이 사는 섬이라고 불렸어. 장수하는 노인들이 많은 것도 그 때문이지! 오죽하면 중국의 진시황제가 영원히 늙지 않는 약초를 찾으라고 사신을 제주도에까지 보냈을까!

진시황의 사신이 지나가면서 정방폭포에 글씨를 남겼다는 이야기를 들은 것 같아.

천지연폭포에서 활쏘기를 구경하다

11월 6일, 서귀진성을 떠나서 다시 서쪽으로 향했다.

가는 길에 천지연폭포를 구경했다. 겨울이지만 폭포 양쪽에는 사철 푸른 나무들이 우거져 있고, 폭포에서 쏟아진 물은 아래쪽에 넓은 연못을 만들고 있다.

이곳은 옛날부터 활쏘기 장소로 유명하다고 하여 우리도 활쏘기를 구경했다. 활을 쏜 뒤 과녁에 꽂힌 화살을 다시 가져오는 방법이 아주 독특하다. 폭포 양쪽에 줄을 매달고, 짚풀로 만든 인형인 추인에 화살을 꽂아 줄을 잡아당겨 가져오는 방식이다.

중문에 있는 천제연폭포에서도 추인을 이용한 활쏘기를 한 번 더 구경했다. 천제연폭포는 3단 폭포여서 소리가 더 우렁찼고, 물보라가 일면서 무지개도 보였다.

천지연, 천제연. 폭포 이름이 비슷하다. 어떻게 달라?

천지연은 하늘과 땅이 만나서 만들어진 연못이라는 의미고, 천제연은 옥황상제를 모시는 선녀들이 놀다 간 연못이라는 뜻이야. 조선 시대에는 둘 다 천지연으로 불렀어.

산방산에서 바다를 굽어보며 술을 마시다

며칠 동안 제주도 남쪽 감산에서 귀양살이 중인 오시복 대감을 찾았다. 안부를 나누고 음식과 술을 함께하면서 피로를 풀었다.

그러고는 11월 10일, 다시 대정현성으로 순력 길을 재촉했다.

가는 길에는 산방산에 들렀다. 산방산은 바다를 향해 우뚝 서 있는 돌산이다. 마치 고래가 입을 벌린 것처럼 생김새가 아주 특이하다. 산방산 안쪽의 산방굴 천정에서는 물이 떨어진다. 맑고 차가워 물맛이 좋다.

술을 한 잔 마시고는 산 아래를 굽어봤다. 용머리해안과 형제섬, 멀리 송악산이 한눈에 들어왔다. 멋진 풍광을 보니 신선이 된 것 같아 절로 시가 나왔다.

말 통* 묶은 듯 기이한 봉오리가 바다 구름 베고 누웠는데
석양 비끼는 저녁 비에 산 반쪽이 어둑어둑하네.
도포를 입은 신선이 자주 오간다고 전해 들었는데
당연히 진짜 신선인 나에게 안부를 묻겠지.

산방산은 참 특이하게 생겼다.

제주도를 만든 설문대할망이 한라산이 너무 뾰족하다고 꼭대기를 잘라서 던진 것이 산방산이 되었다고 해.

*말 통 : 곡식 등의 분량을 헤아릴 때 쓰는 통

대정현에서 임금께 축하의 글을 올리다

11월 10일 오후, 산방산 구경을 마치고 무사히 대정현성에 도착했다.

대정현은 산방산을 지나서 봉우리 3개가 연달아 솟아난 단산 너머에 있는 마을이다. 대정향교에서 공부하는 유생들이 성 밖에 나와서 우리를 맞이했다. 말테우리들도 말을 점검받으려고 모여들었다.

대정현은 정의현보다 조금 규모가 작은 마을이다. 이곳에 사는 백성은 797가구이고, 군사는 224명, 말을 관리하는 목자와 보인은 123명, 말은 849필, 검정소는 228마리, 창고에는 곡식 1,950여 섬이 있다.

11일, 이른 아침부터 읍성 밖에 임금을 상징하는 전패를 모셔 놓았다. 군사들은 의례용 깃발을 들고 줄지어 섰다. 나는 나라에 경사가 있을 때나 새해 첫날과 동지, 임금의 생신에 입는 예복인 금관조복을 차려입었다. 임금께서 인원왕후를 맞이한 일을 축하하는 글을 올리기 위해서다. 오후에는 대정현의 장수 노인들을 모아 양로연을 열었다. 90세 이상 노인 1명, 80세 이상 노인도 11명이나 되었다.

12일에는 유생과 백성을 모아 놓고 강받기와 활쏘기 시험을 치렀다.

36

제주도 서쪽 끝, 차귀진성을 점검하다

산방산과 대정현에서 행사를 치르느라 순력 일정이 늦어졌다.

11월 13일, 나는 명월진성으로 바로 가고, 대정현성과 가까운 남서쪽 해안의 모슬진성과 차귀진성은 다른 군관을 시켜 점검하게 했다.

차귀진성에는 군관 홍우성을 보냈다. 차귀진성은 제주도 서쪽에 고산과 당산봉 사이에 우뚝 서 있다고 했다. 겨울인데도 주변에 숲이 무성한데, 곶자왈이라고 하는 원시림이 있어서라고 한다.

차귀진성은 아주 작아서 군사는 모두 합해 20명뿐이다. 군기를 점검하고 군사 훈련을 했다. 병사들은 징을 치고 피리를 부는 악대에 따라서 깃발을 올리고 내리는 훈련을 했다. 적이 나타났을 때 재빨리 공격하거나 대기하라는 의미이다.

제주도 북서쪽, 명월진성을 점검하다

11월 13일, 명월진성에 도착했다.

명월진은 제주도 북서부에서 가장 큰 진성이다. 병사가 412명이나 되고, 말을 돌보는 이들은 185명, 말은 1,064필이 있다.

14일 오전에는 진성 중앙에 과녁을 설치하고 활쏘기 시험을 열었다. 나는 녹색 철릭을 입고 객사에 앉아서 이 모습을 지켜봤다. 이날은 병사 141명이 시험을 치렀다.

이곳 제주도 서쪽 바다에서는 종종 고래가 보인다. 운 좋게도 두모포 앞에서 고래를 보았다. 즐거운 마음에 시를 지었다.

층층 엮인 주름 잡힌 살, 부드러운 뺨까지 이어졌고
낮은 머리, 뾰족한 뼈, 꼬리는 마치 조롱박 같구나.
하늘로 치솟은 지느러미와 굳센 수염은 나란하고
코에 붙은 이빨과 입술에 부릅뜬 눈 갖췄네.
허리통은 넓고 우뚝 솟아 높은 누각을 세운 듯하고,
척추는 길면서 굽어서 마치 짧은 제방이 굽은 듯하네.
암컷인지 수컷인지는 성기를 찾아보면 되는데,
만근*이나 되는 기름은 살찐 배에 가장 많다네.

*만근 : 아주 무거운 무게

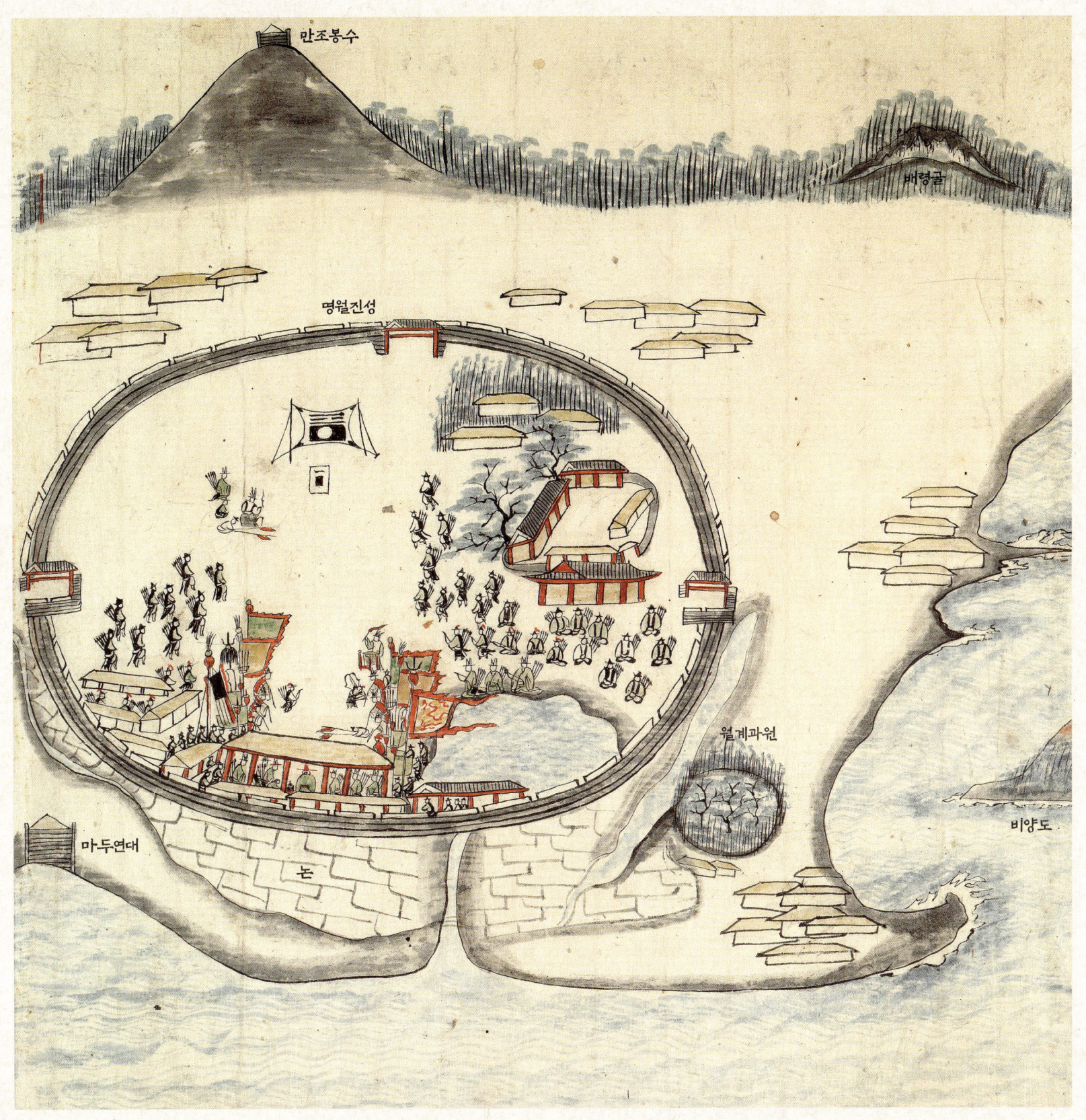

제주읍성으로 돌아와 순력을 마무리하다

11월 15일, 날씨가 아주 좋아서 한라산 북쪽과 그 아래 솟은 오름들까지 훤히 보였다.

드디어 제주도를 한 바퀴 돌고 출발지인 제주읍성으로 돌아왔다. 제주읍성 밖에는 유생들이 줄을 길게 서서 행렬을 맞이했고, 관덕정 마당에는 춤을 추는 관기들도 나와서 나를 기다렸다.

제주읍성으로 돌아왔다고 순력이 끝난 것은 아니다. 제주향교에 들러서 제기와 제복, 서책을 살펴보고 목 관아의 무기와 비품, 창고 상태도 점검했다. 제주목의 현황도 살폈다. 제주목은 제주도의 3개 읍 가운데 가장 인구가 많다. 7,319가구가 살고 있고 일대에 논과 밭도 많다. 제주읍성을 지키는 병사는 1,263명이나 된다.

하루를 푹 쉬고 난 뒤, 17일에는 관덕정에서 백성 300여 명이 참여하는 가운데 활쏘기 대회를 열었다.

18일에는 제주도 관리들의 근무를 평가하여 임금께 보고하는 전최를 열었다.

19일에는 양로연을 열었는데, 100세 이상 노인 3명, 90세 이상 23명, 80세 이상 183명이 참석했다.

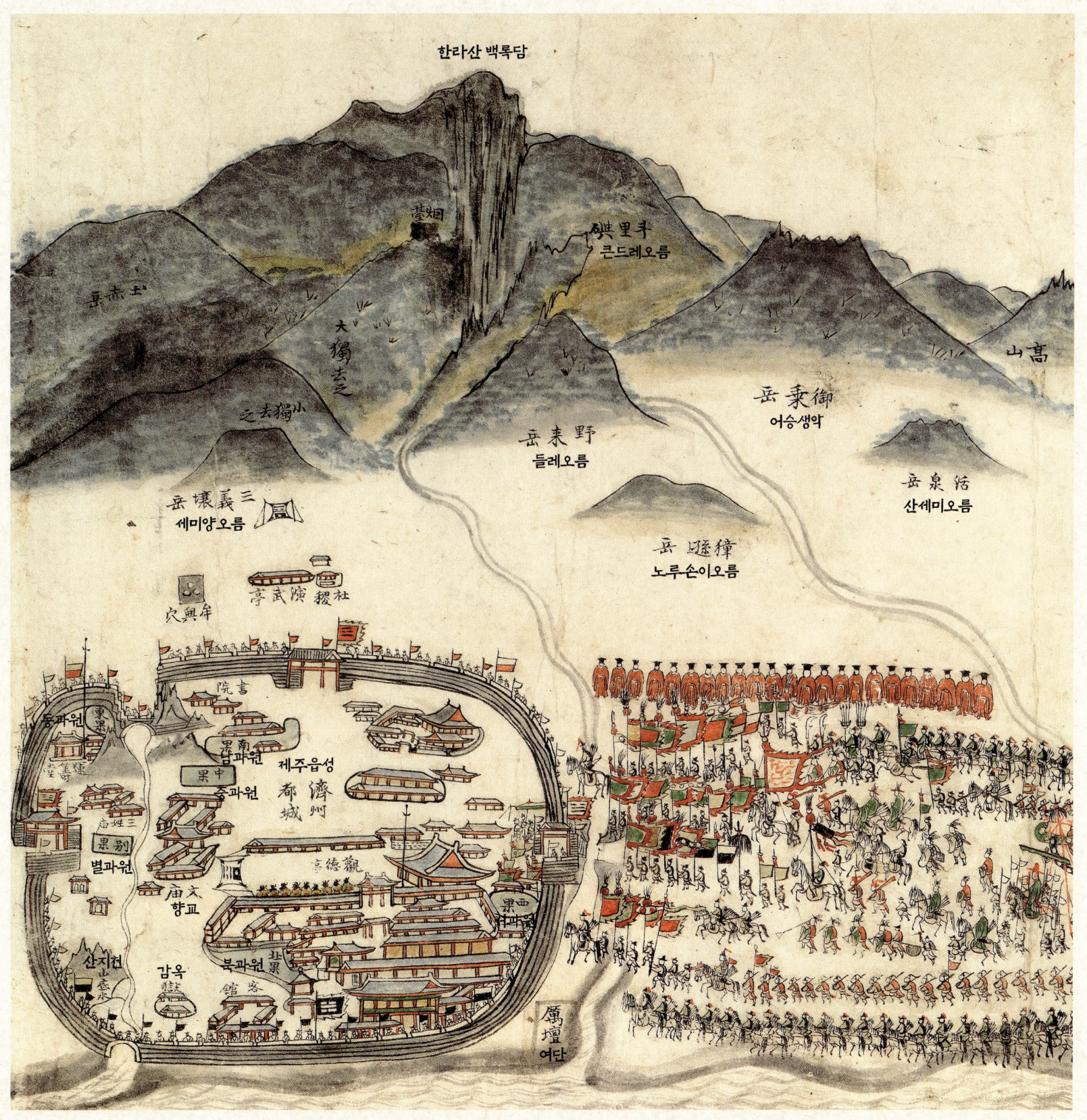

용연에서 뱃놀이하며 해녀들의 물질을 보다

순력이 끝나고 한가한 날, 나와 관리 몇은 제주읍성 가까이에 있는 용연에서 뱃놀이를 즐겼다.

용연은 깎아지른 듯 가파른 절벽 계곡 아래 있는 호수로, 물이 아주 깊고 푸르다. 주변에는 상록수와 온갖 넝쿨 식물이 우거져 있다. 그 모습이 꽃나무를 엮어 만드는 담장인 취병과 비슷하다고 해서, 이 계곡을 취병담이라고도 부른다.

근처에는 용두암이라는 기기묘묘한 바위가 있다. 용머리를 닮았다고 해서 그렇게 부른다. 용두암 앞바다는 미역과 전복 등 해산물이 풍부해서 해녀들이 물소중이를 입고 종종 물질을 한다.

제주도 사람들이 나서서 신당을 불태우다

제주도는 육지와 멀리 떨어진 섬이다. 그래서 제주 사람들은 옛날부터 다양한 신을 믿고 받들었고 바닷가나 마을, 숲 등에 신당을 세웠다. 불교를 믿은 고려 때부터는 절도 세웠다.

제주도 사람들이 무속과 불교를 믿는 것은 삶이 고되고 힘들어서다. 나는 그 해결책을 담은 글을 임금께 여러 번 올렸고, 잘못된 정책도 바로잡으려고 했다. 제주 3읍을 순력 하면서 향교를 점검하고, 유생들의 교육 수준을 확인했던 것도 제주도에 유학이 탄탄하게 뿌리내리게 하기 위해서였다.

내 노력에 답이라도 하듯 제주도 백성들이 나서서 신당 129곳과 절 5곳을 불태웠다. 관리들은 제주도에 유교가 뿌리내리고 백성들이 편안하게 살게 된 것이 나의 노력과 임금의 은혜 덕분이라고 말했다. 12월 20일, 관리와 백성들은 무리를 지어 제주목 북쪽의 항구 건입포에서 임금이 계신 한양을 향해 절을 올리고, 다른 무리는 나에게 절을 올렸다.

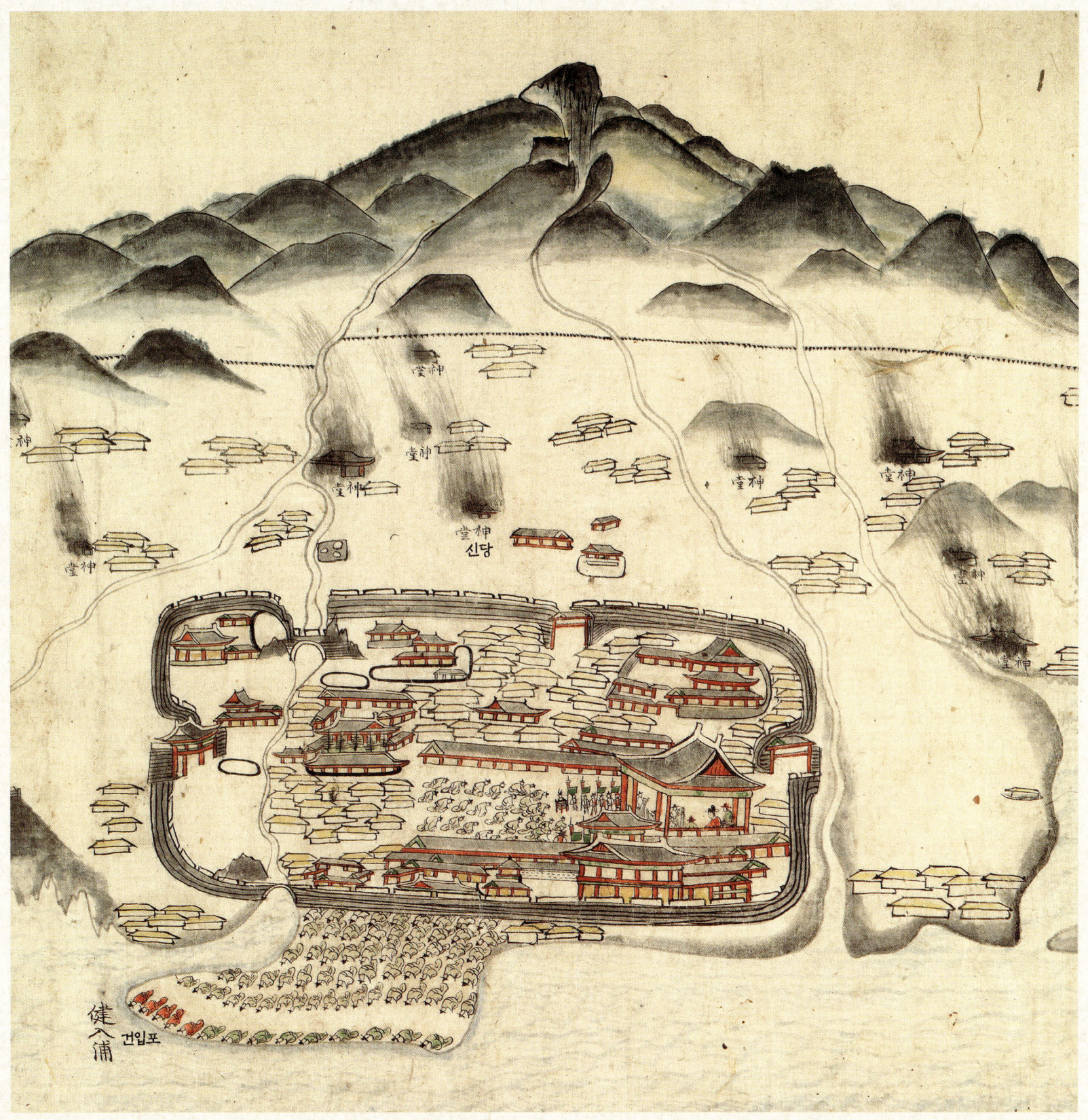

제주목사를 그만두고 호연정으로 돌아가다

1703년 여름이 되었다. 그사이 화공 김남길을 시켜 가을 순력을 비롯하여 제주도에서 벌인 여러 행사를 그림으로 그리게 했다. 이를 엮어 화첩 《탐라순력도》를 만들었다. 제주도의 아름다운 장소를 구경한 모습도 담았다.

화첩을 만들기까지 유배 중인 오시복 대감의 조언이 한몫했다. 다시 보기 어려운 장관이니 꼭 기록으로 남기라고 말이다. 그러나 내가 대감과 가깝고 죄인의 편을 든다고 한양의 관리들이 나를 비난했다. 결국 그 일로 제주목사 자리에서 물러나게 되었다.

쓸쓸해진 마음으로 영천 호연정으로 돌아갈 준비를 하나씩 했다. 지난해 가을 교래리에서 잡아 귤과원에서 키우던 사슴은 제주도 서쪽 비양도에 풀어 줬다. 오 대감은 자신 때문에 내가 물러나게 되었다고 미안해하면서 한라산 향나무로 만든 거문고에 이별을 아쉬워하며 시를 써 줬다.

화북포에서 배를 타고 제주도를 떠나는 날, 백성들이 구름같이 몰려나와 나를 배웅했다. 영천까지 먼 길에 큰 힘이 되었다. 이제는 조용히 머물며 제주도에서 있었던 일들을 차분하게 글로 정리해야겠다.

300여 년 전 제주의 풍물과 현실,《탐라순력도》

1702년, 조선 후기의 문신 이형상은 제주목사로 부임해 1년간 제주에 머물면서 순력 활동을 했습니다. 그 과정에서 보고 들은 제주의 풍물과 현실을 화공 김남길을 시켜 그리게 했습니다. 그렇게 해서 완성된 것이 바로《탐라순력도》입니다. 이 화첩은 단순한 회화 작품을 넘어, 지방 관리의 실제 행정과 백성들의 삶을 구체적으로 보여 주는 귀중한 역사적 자료입니다. 또한 제주에서 벌어진 행사를 시각적으로 담은 유일한 기록화라는 점에서 중요한 가치를 지닙니다.

《탐라순력도》는 총 43면으로 구성되어 있으며, 그중 41면은 그림, 2면은 서문입니다. 전체 면 중 28면은 순력과 관련된 장면들이며, 나머지는 제주도의 자연과 풍속을 담고 있습니다. 그림은 실제 날짜순이 아니라 이형상 목사의 업무 중요도에 따라 배열되어 있습니다.

《탐라순력도》는 오시복의 제안으로 만들어지게 되었습니다. 이형상 목사는 당시 명필로 이름을 떨치던 오시복에게 화첩 제목과 서문, 각 그림의 글씨를 써 달라고 부탁했던 것 같습니다. 그 과정에서 35면 <제주전최>와 36면 <제주사회>의 그림과 제목이 뒤바뀌게 되었습니다(이 책의 51쪽 표에는 화첩의 내용과 순서에 따라 정리했습니다). 원래 그림 40면으로 기획하였으나, 화첩 마지막에 제주도를 떠나는 내용의 <호연금서>가 추가되었습니다.

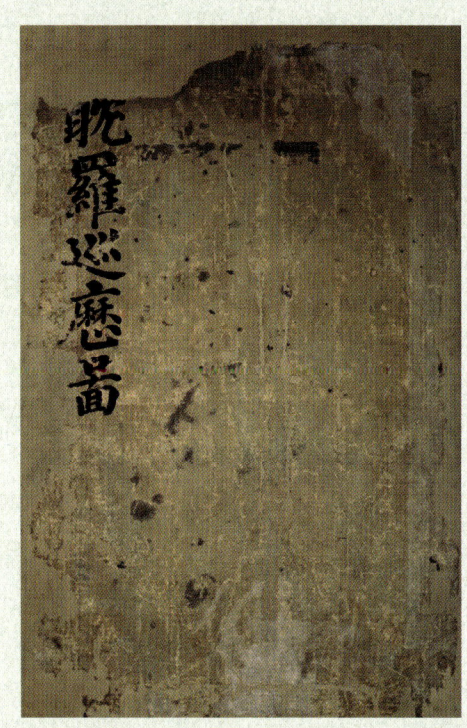

《탐라순력도》, 1703년, 종이에 먹과 채색, 56.7x36.0cm, 보물, 제주특별자치도

《탐라순력도》 전체 목차

면	제목	일시	내용 및 활동 사항
1	한라장촉 漢拏壯囑	1702년 4월 15일	한라산을 탐방하고 제주의 지형을 살피다
2	승보시사 陞補試士	윤 6월 17일	제주 선비들이 특별 과거 시험, 승보시를 치르다
3	공마봉진 貢馬封進	6월 7일	나라에 바칠 말을 징발해 최종 확인하다
4	감귤봉진 柑橘封進	기록 없음	나라에 바칠 감귤과 귤껍질인 진피를 확인하고 포장하다
5	귤림풍악 橘林風樂	기록 없음	제주목 관아 후원 귤나무숲에서 연회를 열다
6	교래대렵 橋來大獵	10월 11일	교래리 부근에서 나라에 바칠 산짐승과 날짐승을 사냥하다
7	산장구마 山場駈馬	10월 15일	산장에서 말을 몰아 한곳에 모으고 수를 확인하다
8	성산관일 城山觀日	7월 13일	성산일출봉에서 해 뜨는 광경을 바라보다
9	우도점마 牛島點馬	7월 13일	우도 목장에 있는 말을 점검하다
10	화북성조 禾北城操	10월 29일	화북진성에서 군사를 점검하다
11	조천조점 朝天操點	10월 29일	조천진성에서 군사 훈련을 하고 인근 목장의 말을 점검하다
12	김녕관굴 金寧觀窟	10월 30일	김녕의 용암굴을 둘러보다
13	별방조점 別防操點	10월 30일	별방진성에서 군사 훈련을 하고 군기와 우마를 점검하다
14	별방시사 別防試射	11월 1일	별방진성에서 활쏘기 시험을 실시하다
15	수산성조 首山城操	11월 2일	수산진성에서 군사들을 점검하다
16	정의조점 旌義操點	11월 2일	정의현성에서 숙박하면서 군사 훈련을 하고 군마를 점검하다
17	정의양로 旌義養老	11월 3일	정의현성에서 양로연을 열다
18	정의강사 旌義講射	11월 4일	정의현성에서 활쏘기와 강받기 시험을 실시하다
19	정방탐승 正方探勝	11월 5일	정방폭포의 풍경을 즐기다
20	천연사후 天淵射帿	11월 6일	천지연폭포에서 활쏘기를 구경하다
21	서귀조점 西歸操點	11월 5일	군사 훈련을 하고 군기와 말을 점검하다
22	현폭사후 懸瀑射帿	11월 6일	천제연폭포에서 활쏘기를 구경하다
23	고원방고 羔園訪古	11월 6일	고둔과원에서 왕자구지를 탐방하다
24	산방배작 山房盃酌	11월 10일	산방산 산방굴에서 술을 마시다
25	대정조점 大靜操點	11월 10일	대정현성에서 군사를 훈련하고 군기와 말을 점검하다
26	대정배전 大靜拜箋	11월 11일	대정현성에서 임금께 축하의 글을 올리다
27	대정양로 大靜養老	11월 11일	대정현성에서 양로연을 열다
28	대정강사 大靜講射	11월 12일	대정현성에서 활쏘기와 강받기 시험을 실시하다
29	모슬점부 摹瑟點簿	11월 13일	모슬진성에 대리로 군사 점검을 보내다
30	차귀점부 遮歸點簿	11월 13일	차귀진성에 대리로 군사 점검을 보내다
31	명월조점 明月操點	11월 13일	명월진성에서 군사 훈련을 하고 군기와 말을 점검하다
32	명월시사 明月試射	11월 14일	명월진성에서 활쏘기 시험을 실시하다
33	애월조점 涯月操點	11월 14일	애월진성의 군사와 군마를 점검하다
34	제주조점 濟州操點	11월 15일	제주읍성의 군사와 군마, 제주향교를 점검하다
35	제주사회 濟州射會	11월 18일	제주목 관리들의 근무 평가를 하다
36	제주전최 濟州殿最	11월 17일	제주읍성에서 백성들을 모아 활쏘기 시험을 실시하다
37	제주양로 濟州養老	11월 19일	제주읍성에서 80세 이상 노인들의 양로연을 열다
38	병담범주 屛潭泛舟	기록 없음	용두암 부근 용연에서 뱃놀이를 즐기다
39	건포배은 巾浦拜恩	12월 20일	백성들이 신당을 불태우고, 관리 300여 명이 임금을 향해 절을 하다
40	비양방록 飛揚放鹿	1703년 4월 28일	귤과원에서 키우던 사슴을 비양도에 놓아 주다
41, 42	서문	1703년 5월 13일	《탐라순력도》를 그리게 한 목적을 쓰다
43	호연금서 浩然琴書	기록 없음	제주도를 떠나며, 호연한 마음으로 거문고를 타고 책을 읽다

삶을 담은 그림, 기록화

《탐라순력도》는 조선 시대 기록화의 전통 속에서 만들어졌습니다. 《탐라순력도》에 수록된 그림은 제목 → 그림 → 설명이라는 형식을 따릅니다. 이는 조선 전기의 '계회도'에서 따온 것입니다.

조선 시대에는 나이나 성씨, 사는 곳이 같다는 공통점을 계기로 계 모임을 조직하고 계원끼리 서로 도왔습니다. 같은 해 과거 합격자 모임, 혹은 같은 관청에서 근무하는 사람들도 계 모임을 했고, 이를 그림으로 그려서 나눠 가졌습니다. 이 그림을 계회도라고 합니다. 이렇게 기록을 소중히 여기는 관습이 정착하면서 조선 후기에는 양반들뿐 아니라 궁중에서도 다양한 기록화를 제작했습니다. 또 환갑이나 결혼 60주년을 기념하는 회혼례 등 양반의 사생활과 관련된 기록화도 다양하게 제작되었습니다.

이 그림은 조선 시대 사간원 관리들의 계 모임 모습을 그렸어. 맨 위는 그림 제목, 중간은 그림, 맨 아래는 참석자 명단이야.

〈미원계회도〉, 1540년, 비단에 먹, 57×49cm, 보물, 국립중앙박물관

《탐라순력도》에서는 맨 아래에 행사와 관련한 정보를 써넣었어.

탐라를 기록한 청백리, 이형상

이형상(1653~1733)은 조선 후기 문신으로, 사마시와 문과에 잇달아 급제한 뒤 한양에서도 일했지만, 지방 수령으로 여러 차례 근무했습니다. 이형상은 강직하고 청렴한 성품으로 벼슬을 하는 동안 백성들의 고통을 줄이기 위해 노력한 공을 인정받아 조선 시대 모범 관료에게 수여되는 '청백리'에 선정되기도 했습니다.

그는 경기도 양주와 경상도 성주, 동래, 경주, 전라도 영광 등에서 일하다가 1701년에 제주목사로 임명되어 1702년 봄부터 제주에서 근무했습니다. 그 뒤 유배된 오시복을 옹호했다는 이유로 1년 만인 1703년에 관직에서 물러났습니다.

이형상은 1703년 여름, 영천의 호연정으로 돌아간 뒤에 142종 326책에 달하는 엄청난 양의 글을 남겼습니다. 그 중 10종 15책은 보물로 지정되었습니다. 그 가운데는 제주도에 관한 책도 있는데, 남쪽의 관리가 쓴 박물지라는 뜻의 《남환박물》입니다. 이 책은 이형상의 조카사위 윤두서의 요청으로 쓰인 것입니다.

제주도에서는 흙 없이 화산석을 쌓아서 담장을 만드는데, 육지는 돌과 흙을 함께 썼네.

바로 여기가 이형상 목사님이 공부하고 글을 쓴 영천 호연정이야. 금호강 변에 자리하여 풍광도 아름다운 곳이지.

성산일출봉 바닷속에서 폭발해 만들어졌다. 일출을 즐기는 장소로 유명하다.

정의현성 정의현성에 위치한 성읍민속마을

교래 조선 시대 국마 목장 터에 들어선 조랑말박물관과 체험 공원

정방폭포 폭포수가 바로 바다로 떨어진다.

우도 제주도 주변 섬 가운데 가장 큰 섬

수산진성 지금은 수산초등학교 담장으로 쓰이는 수산진성의 돌담

별방진성 복원된 별방진성. 제주도 기념물로 지정, 보호되고 있다.

김녕굴 유네스코 세계자연유산 김녕굴의 내부

《탐라순력도》 따라 제주 한 바퀴

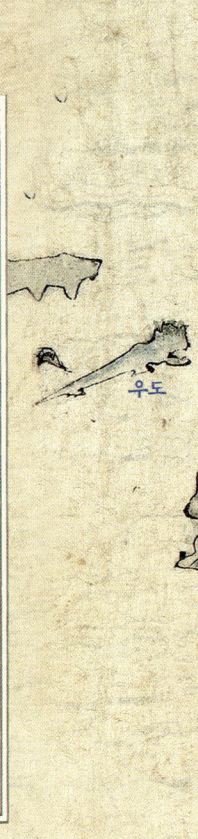

조천진성 조천진성 위에 지어진 정자, 연북정

화북진성 화북진성의 성곽

관덕정 1448년에 지어진 제주목 관아의 핵심 건물

제주목 관아 일제강점기에 훼손, 2002년에 복원되었다.